H. GIRAUD de La BOULIE

NOTICES

SUR LA

Famille GIRAUD (de la Cadière du Var)

ET SUR LES

Familles de La BOULIE, PORTALIS et GAIROARD

(du Quercy et de la Provence)

AVIGNON
FRANÇOIS SEGUIN, IMPRIMEUR-ÉDITEUR
1907

H. GIRAUD de La BOULIE

NOTICES

SUR LA

Famille GIRAUD (de la Cadière du Var)

ET SUR LES

Familles de La BOULIE, PORTALIS et GAIROARD

(du Quercy et de la Provence)

AVIGNON
FRANÇOIS SEGUIN, IMPRIMEUR-ÉDITEUR
1907

NOTICE
SUR LA
Famille GIRAUD de la Cadière du Var en Provence

Cette famille est très ancienne au pays de la Cadière en Provence [1], aujourd'hui département du Var, autrefois sénéchaussée de Toulon et diocèse de Marseille, où elle est connue depuis le milieu du XIII° siècle.

Elle a fourni quatre baillis du prieuré de Saint-Damien de la Cadière (dépendance de l'abbaye de Saint-Victor de Marseille), de 1250 à 1364 ; trois lieutenants de bailli de Saint-Victor, de 1450 à 1520 ; six administrateurs (*procuratores*), syndics ou consuls, deux viguiers du dit lieu ; des avocats au Parlement de Provence, des officiers de terre et de mer, plusieurs magistrats et ecclésiastiques de grand mérite, et quatre membres de l'ordre de Saint-Jean de Jérusalem, qui sont :

Antoine Giraud, reçu servant d'armes en 1338.

Denis Giraud, reçu chapelain conventuel en 1338.

Bertrand Giraud, reçu donat en 1338.

Jean Giraud, reçu chapelain d'obédience en 1650.

Parmi les membres de cette famille qui ont eu les situations les plus distinguées, on peut citer :

Bertrand Giraud, mentionné dans une charte de

---

1. La Cadière formait, dès les premiers temps du moyen âge, une importante et vaste seigneurie dont l'Abbé de Saint-Victor de Marseille était le principal seigneur. Les autres étaient : le puissant Comte des Baux et l'Évêque de Marseille. Mais, dans la seconde moitié du XVI° siècle, après plusieurs ventes et transactions, l'Abbé de Saint-Victor resta le seul seigneur spirituel et temporel de tout le territoire, jusqu'en 1790.

l'abbaye de St-Victor de Marseille (prieuré de Saint-Damien de la Cadière), comme bailli du prieuré de Saint-Damien, en l'an 1250 : *Bertrandus Giraudi, de castro de Caderia, Bajulus priorati Sancti Damiani... anno milesimo ducentesimo quinquagesimo* [1].

Il eut deux fils :

1° **Alexandre Giraud**, bailli de Saint-Damien en 1290 ;

2° **Pierre Giraud**, moine bénédictin de Saint-Victor et prieur de Saint-Damien, de 1278 à 1311.

Pierre Giraud, petit-fils d'Alexandre, fut admistrateur des biens communaux du lieu de la Cadière (1358). Il est cité dans un acte de vente faite par la maison des Baux à l'abbaye de Saint-Victor : *Petrus Giraudi, procurator* [2] *generalis et specialis universitatis hominum de castro de Caderia.... anno milesimo trecentesimo quinquagesimo octavo* [3].

Honoré Giraud, qui descendait de Pierre par trois degrés, fut lieutenant de bailli de Saint-Victor (1450) [4] : *Honoratus Giraudi, vice Bajulus abbatiæ Sancti Victoris Massiliensis.... anno milesimo quadringentesimo quinquagesimo*. On trouve son nom inscrit sur les principaux actes concernant l'abbaye de Saint-Victor, la communauté de la Cadière et la maison des Baux.

Jehan Giraud, arrière petit-fils du précédent, premier consul de la Cadière aux années 1564 et 1568, reçut dans ce pays Charles IX, roi de France, qui était venu faire un voyage en Provence, et eut l'honneur insigne d'héberger

---

1. Cartulaire du prieuré de Saint-Damien (archives de l'ancienne abbaye de Saint-Victor de Marseille).

2. Charge qui, à cette époque, équivalait à celle de syndic ou de consul.

3. Cartulaire du prieuré de Saint-Damien (archives de l'ancienne abbaye de Saint-Victor de Marseille).

4. En 1364, les religieux de Saint-Damien ayant quitté leur prieuré pour rentrer définitivement à la maison-mère de Saint-Victor de Marseille, la charge de bailli de Saint-Damien fut supprimée, mais remplacée pour le pays par celle de lieutenant de bailli de Saint-Victor, qui relevait du bailli général de l'abbaye.

le monarque tout un jour, dans sa maison, le 4 novembre 1564 [1].

Quatre ans plus tard, étant de nouveau premier consul, Jehan Giraud reçut encore à la Cadière le cardinal Strozzi, neveu du pape Léon X et de la reine Catherine de Médicis, qui, en qualité d'abbé de Saint-Victor, était le seigneur spirituel et temporel de la Cadière [2].

Estève Giraud, fils de Jehan, consul en 1592, se signala par le courage héroïque avec lequel il défendit la place de la Cadière contre le connétable de Lesdiguières, chef du parti huguenot dans le sud-est de la France, qui était venu pour l'assiéger, le 2 juillet 1592 ; ce qui lui valut, un an plus tard, des éloges du duc d'Épernon, gouverneur de Provence, quand les consuls étaient allés le complimenter à Toulon, lors de son passage dans cette ville (1593).

Il avait épousé, à la Cadière, Françoise Estienne [3], dont il eut **Honoré Giraud,** prêtre, chanoine de la collégiale de Cuers, et **Jean Giraud,** consul aux années 1620, 1630 et 1636. On lui doit l'établissement, à la Cadière, des religieux Trinitaires (1637), à qui il donna, comme rési-

---

1. Le roi Charles IX arriva à la Cadière, venant de Toulon et d'Ollioules, le samedi 4 novembre 1564, à quatre heures du soir. Il y dîna et coucha dans la maison du premier consul, et n'en repartit que le lendemain dimanche 5 novembre, à 2 heures de l'après-midi, pour Aubagne et Marseille (Honoré Bouche, *Histoire de Provence*).

2. Laurent Strozzi, né à Florence, d'abord guerrier comme ceux de sa race, fut évêque de Béziers, abbé commendataire de Saint-Victor de Marseille, cardinal du titre de Saint-Damien en 1557, archevêque d'Albi et archevêque d'Avignon en 1571.

3. *Estienne :* ancienne famille de la Cadière qui a possédé des terres importantes dans le territoire de Saint-Côme au dit pays, et qui a fourni un lieutenant de bailli de Saint-Victor de Marseille en 1363, Pierre Estienne ; plusieurs consuls de la Cadière, dont : Jehan Estienne (1425), un autre Jehan Estienne (1560), Antoine Estienne (1596), Jean-Baptiste Estienne, dont le nom se trouve ainsi rubriqué dans d'Hozier (*Provence*, I, 1163) : Jean-Baptiste D'estienne, bourgeois du lieu de la Cadière, porte d'azur, à la fasce d'argent, accompagnée de trois besants de même. Cette famille a également fourni des officiers de marine.

dence provisoire, une maison de campagne et une petite chapelle, sises au quartier de Saint-Jean, qui lui appartenaient [1].

De son mariage avec Marie-Antoinette Gairoard [2], il eut, entre autres enfants :

Laurent Giraud, consul en 1653, prieur de l'hôpital et de la confrérie du Saint-Esprit en 1654 et autres années, viguier en 1660, marié, au Beausset, à Thérèse Portalis, fille de François Portalis, consul du dit lieu [3], dont les trois fils qui suivent :

1° **Denis Giraud,** consul en 1680, marié au Castellet en 1665 à Marguerite Ganteaume [4], qui continua la postérité à la Cadière ;

2° **Joseph Giraud,** prêtre de l'archidiocèse d'Aix, prieur de Saint-Suffren ;

3° **Esprit Giraud,** qui forma une branche à Pélissanne par son mariage avec Marguerite de Barlatier, dame du lieu, branche éteinte à la fin du XVIII° siècle. Ses deux petits-fils, qui suivent, furent officiers de cavalerie. L'aîné,

1. Cette maison de campagne et cette chapelle de Saint-Jean ont appartenu, de temps immémorial, à la famille Giraud. En 1793, elles furent vendues comme biens nationaux à un sieur Roland, receveur de l'enregistrement au Beausset. En 1806, Antoine Giraud, propriétaire à la Cadière, qui descendait de Jean par cinq degrés, les racheta et en dota sa fille Thérèse-Brigitte Giraud, qui épousa son cousin François-Antoine Giraud, sans postérité, et celle-ci laissa la chapelle, son portique et un espace de terrain autour à son neveu, le chanoine Magloire Giraud, recteur de Saint-Cyr de Provence, mort en 1878, et la maison et la terre à son autre neveu, M. Melchior Giraud de la Boulie, mort vice-président du tribunal civil de Marseille, en 1885.
2. Voir la notice de la famille Gairoard, page 16.
3. Voir la notice de la famille Portalis, page 11.
4. *Ganteaume :* ancienne famille consulaire du Castellet, qui a fourni des notaires royaux à Toulon ; des gardes du corps du Roi ; un membre de l'ordre de Malte, Honoré Ganteaume, reçu donat en 1631 ; un vice-amiral, Honoré Ganteaume, comte de l'Empire et pair de France sous la Restauration. Une branche de cette famille, qui s'est appelée dans la suite Ganteaume de la Rouvière, a relevé, au commencement du XIX° siècle, le nom et les armes de la maison de Castillon du Castellet.
Armes des Ganteaume : d'argent à deux fasces d'azur.
Armes des Castillon du Castellet : de gueules à trois annelets d'argent.

Pierre-Bernard Giraud, épousa à Pélissanne, en 1742, Marie-Hippolyte de Bertrand, fille de Pierre de Bertrand et de dame Hippolyte de Crousnilhon, sans postérité ; et l'autre, **Jacques-Laurent Giraud,** mourut célibataire en 1785.

Joseph Giraud, fils de Denis, consul en 1709, viguier de la Cadière en 1715, sieur de la Roquette[1] et de Fontfrède[2], avait épousé à Marseille Anne d'Ortigues[3], dont il eut :

1° **Antoine Giraud,** auteur de la branche aînée, et

2° **Jean Giraud,** auteur de la branche cadette[4].

Antoine épousa, en 1719, Geneviève Roubaud, et Jean fut marié, en 1731, à la sœur de cette dernière, Brigitte Roubaud[5].

Guillaume Giraud, cousin germain des précédents,

---

1. *La Roquette* : terre située dans le quartier de Saint-Côme, provenant des anciens domaines de l'abbaye de Saint-Victor, et encore possédée de nos jours par M. Frédéric Giraud, avocat général à la Cour d'appel d'Alger.

Avant la Révolution, la famille Giraud était propriétaire d'une grande partie de la vallée de Saint-Côme et de Saint-Damien, et y ajoutait, sur l'autre versant de la Cadière, les terres des Paluns et du Béléouve.

2. *Fontfrède* : terre située non loin de la Sainte-Baume, autrefois viguerie de Saint-Maximin, et enclavée dans la seigneurie de Meinarguettes, qui appartenait avant 1790 à l'évêque de Marseille. Cette terre a été en la possession de la famille jusqu'en 1886.

3. *Ortigues*: famille noble, originaire d'Apt, dont une branche vint se fixer à Marseille, à l'époque du mariage de Pierre d'Ortigues avec Claire Guigony, fille du sieur Guigony, gouverneur du fort de Notre-Dame de la Garde, dans la première moitié du XVII° siècle. Elle portait : de gueules à cinq besants d'or, posés en sautoir et cantonnés de quatre étoiles à huit rais d'argent.

4. Ces deux branches, séparées depuis la première moitié du XVIII° siècle, ont resserré leurs liens de parenté au siècle suivant par leurs alliances avec les familles Gairoard, Portalis et de La Boulie.

5. *Roubaud* : famille de Marseille, qui avait de riches propriétés dans les environs de la Cadière, et qui fut anoblie dans la personne de Jean-Baptiste Roubaud, avocat au Parlement et cousin de Mesdames Antoine et Jean Giraud, par la charge noble de trésorier général de France, dans laquelle il fut reçu le 12 mars 1749.

Armes : d'azur, à trois croisettes d'or, 2 et 1, mises en chef, et deux lionceaux d'or lampassés de gueules, affrontés et posés en pointe, soutenant la troisième croisette.

naquit à la Cadière en 1705. Il fut licencié en l'un et en l'autre droit et avocat au Parlement de Provence. De son mariage avec Claire Boyer, de la ville de Toulon, il eut :

Joseph-Denis Giraud, né à la Cadière en 1740, mort en 1795, avocat au Parlement de Provence, jurisconsulte estimé, dont le nom se trouve plusieurs fois mêlé à celui du célèbre jurisconsulte Jean-Étienne Portalis[1], avocat au même Parlement, plus tard ministre des cultes sous Napoléon Ier et principal rédacteur du Code civil français, dans des procès relatifs à la commune de la Cadière.

A la branche aînée appartenaient :

L'abbé Magloire Giraud, né à la Cadière en 1798, prêtre du diocèse de Fréjus et de Toulon, savant archéologue et numismate distingué, chanoine honoraire de Fréjus et d'Ajaccio, officier de l'Instruction publique, correspondant du ministère de l'Instruction publique pour les travaux historiques, membre de plusieurs sociétés savantes, auteur d'ouvrages pleins d'érudition sur l'antique cité phocéenne de Tauroentum et sur les localités du canton du Beausset, mort à Saint-Cyr de Provence, où il fut recteur pendant cinquante ans, le 3 septembre 1878[2].

Eustache Giraud, frère du précédent, marié à Eusébie Gairoard[3], dont :

Edmond Giraud, né à la Cadière le 29 juin 1825, mort à Marseille le 11 mars 1898, avocat à la Cour d'ap-

---

1. Voir la notice Portalis, page 11.

2. M. l'abbé Magloire Giraud a laissé au musée du Château-Borély, à Marseille, une collection de médailles très appréciée et des objets fort rares provenant des ruines de l'antique cité de Tauroentum, qui était jadis située sur le golfe des Lèques, en face du hameau de ce nom, à l'ouest de la dite plage, et à 1500" de Saint-Cyr de Provence.

3. Elle était petite-fille de Joseph Gairoard, consul de la Cadière sous Louis XVI, et d'Hélène Braquety, et arrière petite-fille de Jean Gairoard, sieur du Sauvet, consul en 1755, et de Thérèse Portalis, et, par ces deux alliances, apparentée aux meilleures familles du pays. (Voir la notice Gairoard, page 16.)

pel, chevalier de l'ordre royal de Charles III d'Espagne, officier du Medjidié, qui épousa Mlle Márie Gourdez[1], dont trois fils, Frédéric, Stanislas et Firmin, qui représentent actuellement la branche aînée de la famille (voir plus loin pages 8 et 9).

Et à l'autre branche :

Denis-Joseph-Pascal Giraud, fils d'Antoine Giraud et de Claire-Estienne[2], et petit-fils de Jean Giraud et de Brigitte Roubaud, susnommés, marié, à Saint-Nazaire du Var, par contrat du 24 juillet 1813, passé devant Me Foucard, notaire à Ollioules, à Marie-Thérèse-Adélaïde-Portalis[3], fille d'Aman-Melchior Portalis, maire de Saint-Nazaire du Var sous le premier Empire et la Restauration, et conseiller général, et de Marie-Thérèse-Hélène Gairoard[4], et nièce germaine de Dominique-Toussaint-Melchior, baron Portalis, chef de cabinet du ministre des cultes sous Napoléon I^r, et de Marie-Marguerite-Victoire Portalis, sœur du ministre Jean-Étienne Portalis, dont les deux fils qui suivent :

1° **Lazare-Denis-Marie-Melchior Giraud**, dit le Président **Giraud de La Boulie**, né à la Vernette, près de Saint-Nazaire du Var[5], le 31 août 1814, substitut du procureur du Roi à Toulon en 1846, procureur de la République à Lombez en 1851, premier substitut du procureur impérial à Marseille en 1852, juge d'instruction à Marseille en 1859, vice-président de ce même tribunal en 1872, chevalier de la Légion d'honneur et comman-

---

1. *Gourdez* : famille d'avocats et de magistrats d'Aix, dont un, M. Henri Gourdez, avocat général à la Cour d'appel d'Aix, cousin germain de Mme Edmond Giraud, donna sa démission en 1880, à la suite des décrets sur les congrégations religieuses.
2. Voir plus haut la note Estienne, page 3.
3. Voir la notice Portalis, page 11.
4. Voir la notice Gairoard, page 16.
5. *La Vernette* : belle terre, située à 4 kilomètres de Saint-Nazaire du Var, aujourd'hui Sanary, ancienne propriété de la famille Portalis, appartient actuellement à la famille d'Espinassy de Venel.

deur du Nicham-Iftikar, mort à Marseille le 24 juin 1885, qui épousa, à Pélissanne, par contrat du 28 avril 1858, par devant M⁰ Ollivier, notaire, Marie-Félicité-Pauline de La Boulie [1], fille de Joseph-Hippolyte de La Boulie et de Marie-Françoise-Baptistine de La Boulie, et petite-fille d'Esprit-Joseph-Balthazar de La Boulie, successivement procureur du Roi, premier avocat général et procureur général à la Cour royale d'Aix sous le gouvernement de la Restauration, et de Marie-Eugénie-Baptistine d'Abel de la Duranne [2], dont un fils unique, Hippolyte-Marie-Joseph-Melchior (voir plus loin, page 9), qui a relevé le nom et les armes de La Boulie, par décret rendu en sa faveur, en date du 21 janvier 1882.

2° **Alfred-Joseph-Marie-Antoine Giraud,** né à la Cadière le 7 janvier 1817, officier de marine, mort héroïquement dans un naufrage à l'entrée de la rade de Brest (1844), en portant secours à l'équipage.

Cette famille est actuellement représentée, pour la branche aînée, par les trois frères suivants :

1° **M. Frédéric Giraud,** né à Marseille, le 18 novembre 1854, avocat général à la Cour d'appel d'Alger, qui épousa, le 19 juillet 1881, M¹¹⁰ Julie Barras, dont une fille, Alix, mariée le 11 avril 1905 à M. René Bourillet, substitut du procureur de la République à Blida.

2° **M. Stanislas Giraud,** né à Marseille, le 28 novembre 1855, avocat, vice-consul de France à Quélimane (Mozambique), chevalier de l'ordre royal du Christ de Portugal, marié, le 27 novembre 1879, à M¹¹⁰ Julie de La Boulie [3], fille de Camille de La Boulie, sous-préfet sous le

---

1. Voir la notice de la famille de La Boulie, page 10.
2. *Abel de la Duranne* : famille noble, originaire de Beaumont, près de Mirabeau en Provence, dans laquelle s'est éteinte en 1710 la maison de Guiramand, qui a donné sept chevaliers à l'ordre de Saint-Jean de Jérusalem, de 1515 à 1547.
3. Voir la notice de la famille de La Boulie, page 10.

second Empire, chevalier de la Légion d'honneur, et de Pauline Bonfilhon, décédée le 13 décembre 1906, dont : Raymond, Marie-Thérèse, Félix, Gabrielle et Claire.

3° **M. l'abbé Firmin Giraud**, né à Marseille le 1er avril 1860, docteur en droit canonique, ancien chapelain de Saint-Louis-des-Français à Rome, chanoine honoraire d'Aix et d'Athènes, vicaire général d'Aix.

Et, pour l'autre branche, par :

M. Hippolyte-Marie-Joseph-Melchior Giraud de La Boulie, né à Marseille, le 7 mai 1860, chevalier du Saint-Sépulcre, membre du conseil héraldique de France et de plusieurs autres sociétés héraldiques, de l'Académie de Vaucluse, etc., en sa résidence à Montfavet, près Avignon (Vaucluse).

Armes.

D'argent, au chêne de sinople, les branches passées en double sautoir, mouvant d'une rivière d'argent ombrée de sinople[1], et sommée d'un oiseau de sable.

1. *Alias,* mouvant d'une onde d'azur, ombrée d'argent.

NOTICES

SUR LES

Familles de LA BOULIE (Quercy et Provence), PORTALIS (Provence : Ollioules, le Beausset, la Cadière) et GAIROARD (Provence : la Cadière)

1° LA BOULIE

Noble famille, originaire du Quercy, élection de Montauban, où elle s'éteignit en 1740. Une branche passa en Provence en 1670, et une autre, issue de cette dernière, se fixa en Picardie au commencement du XVIIIᵉ siècle.

Elle a donné, dans la première province, un intendant général des maisons de Bouillon et de Turenne dans le comté de Négrepelisse, **Libéral de La Boulie, IIᵉ** du nom (1616), et plusieurs officiers d'infanterie ; en Provence, un secrétaire du Roi en grande chancellerie, **Libéral de la Boulie,** IIIᵉ du nom (1685) ; trois conseillers de père en fils au Parlement d'Aix, dont le premier, **Jean-François Libéral de La Boulie, chevalier, seigneur d'Aygalades,** près de Marseille, mort en 1735, est cité dans quelques lettres de Madame de Simiane, petite-fille de Madame de Sévigné ; un procureur général sous la Restauration, **Balthazar de La Boulie,** dont le fils, **Gustave de La Boulie,** jurisconsulte et orateur de talent, avocat général à la Cour royale de Riom, démissionnaire en 1830, fut député des Bouches-du-Rhône de 1834 à 1837 et de 1848 à 1852 ; plusieurs autres magistrats de grand mérite ; un sous-préfet sous le second Empire, **Camille de La Boulie,** poète distingué, auteur d'un volume de fables (Paris, Charpentier, 1852), mort à Rome en 1867; son frère, **Auguste de La Boulie,** lieutenant d'infanterie, officier de valeur, qui, après avoir fait vaillamment toutes les campagnes d'Italie, est mort victime de son dévouement, en visitant ses camarades atteints de maladies contagieuses, à l'âge de 26 ans (1863).

En Picardie, un brigadier des armées du Roi, commandant en la ville de Calais, **Etienne de La Boulie de La Tour,** et son fils, **Henri-Louis-Antoine-Gaspard de La Boulie de La Tour,** capitaine de dragons, tous deux chevaliers de Saint-Louis.

Ses alliances sont avec les maisons de Ségur, d'Astugue de Sérempuy, d'Hugon, d'Amalvy, de Souchon-d'Espréaux d'Avançon, d'Audiffret de Beauchamp, de Pisani de Saint-Laurent[1], du Wicquet de Rodelinghem-Landrethun, de Perrin de Pélissanne, de Stegnern (Brabant et Lombardie), de Julien, d'Anjou, d'Abel de la Duranne, de Gravier de Saint-Antonin, Didelot (baron), de la Croix, Bonfilhon, de Roux et Giraud (de la Cadière).

Armes : d'azur, à deux chevrons d'or, accompagnés de trois étoiles d'argent, deux en chef et une en pointe.

Supports : deux lions contournés.

2° PORTALIS

Ancienne famille noble, originaire d'Ollioules, passée ensuite au Beausset, qui remonte au commencement du XIV° siècle. Parmi les nombreuses branches qu'elle a formées, deux seules subsistent de nos jours : elles sont toutes les deux issues de **Blaise Portalis,** consul du Beausset en 1675.

1° La branche aînée, représentée actuellement par le **comte Etienne Portalis,** officier d'artillerie, marié en

---

1. Mgr de Pisani de la Gaude (Charles-François-Joseph, baron de Pisani de la Gaude), né à Aix en 1743, évêque de Vence en 1783, évêque de Namur en 1804, mort dans cette ville en 1826, appartenait à cette famille.

1903 à M{^{lle}} Suzanne de Pierrebourg ; par le **vicomte Waldemar Portalis**, officier de cavalerie ; et par le **baron Casimir Portalis**, officier de marine, tous les trois fils du **comte Portalis**, mort conseiller à la Cour d'appel de Paris en 1884, et de M{^{lle}} **Jeanne Mounier**.

Et 2° la branche cadette, dite de la Cadière ou des Luquets, représentée par le **baron Fernand Portalis** et par son frère, le **baron Roger Portalis**, membre de la Société des Bibliophiles de France, auteur d'ouvrages remarquables sur les peintres et les graveurs du XVIII{^e} siècle, tous les deux fils du **baron Auguste Portalis**[1], mort en 1855, et de M{^{lle}} **Céline Ligeret de Beauvais**. Cette famille a donné à Ollioules et au Beausset des consuls et des viguiers ; un chevalier de Saint-Jean de Jérusalem, **Bertrand Portalis**, reçu dans l'ordre en 1371 ; des chanoines d'Aix et de plusieurs collégiales de la province ; deux curés doyens de la Cadière[2], l'abbé **Melchior Portalis** (1744-1782) et son neveu l'abbé **Jacques Portalis** (1782-1790)[3] ; un religieux de l'ordre de Saint-Dominique, le R. P. **Jean Portalis**, né en 1707, prieur d'un couvent de son ordre, mort en 1790 ; un commissaire des guerres de Provence, **Jacques Portalis**, chevalier de Saint-Louis, qui se signala par sa conduite héroïque pendant la peste de Toulon en 1721 ; des officiers de marine, dont un, fils de ce dernier, **Jacques Portalis**, également chevalier de Saint-Louis, tombé glorieusement au siège de Mahon en 1756 ; des avocats au Parlement de Provence, dont le dernier et le plus célèbre, **Jean-Étienne Portalis**, un des plus éminents jurisconsultes de son temps, membre de

---

1. Voir à la page suivante.
2. Les curés de la Cadière, avant le Concordat, ont toujours porté le titre de curé-doyen.
3. François-Jacques-Melchior Portalis, né à la Cadière en 1755, successivement chanoine de la collégiale de Cuers, prieur de Saint-Jean de Pierrefeu, curé de la Cadière en 1782, curé de la Ciotat en 1801, chanoine titulaire d'Aix, mort en 1835.

la Chambre des Anciens, conseiller d'État, ministre des cultes sous Napoléon Ier, principal rédacteur du Code civil français, négociateur du Concordat, membre de l'Institut et grand cordon de la Légion d'honneur, mort en 1807 et enseveli dans l'église de Sainte-Geneviève (Panthéon), et son fils, **Joseph-Marie, comte Portalis,** ministre des cultes par intérim à la mort de son père, conseiller d'État, comte de l'Empire en 1809, premier président de la Cour impériale d'Angers en 1814, ministre plénipotentiaire auprès du Saint-Siège en 1818, conseiller à la Cour de cassation, pair de France en 1819, président à la Cour de cassation, garde des sceaux, ministre de la justice en 1828, ministre des affaires étrangères en 1829, premier président de la Cour de cassation (1829), membre de l'Institut, sénateur sous le second Empire, grand'croix de la Légion d'honneur, mort en 1858 ;

Le baron David Portalis, oncle du précédent, frère puîné de Jean-Étienne Portalis, créé baron sur majorat par Napoléon Ier, mort en 1822 ;

Le baron Melchior Portalis, de la branche de la Cadière, beau-frère de ce dernier[1], chef de cabinet du ministre des cultes sous le premier Empire, créé baron sur majorat par Louis XVIII, en date du 28 juin 1822, mort en 1839 ; son fils, **le baron Auguste Portalis,** député du Var en 1836, vice-président du Tribunal civil de la Seine, conseiller à la Cour royale de Paris, procureur général à cette même Cour en 1848, député de Seine-et-Marne, mort en 1855.

Cette famille a encore donné plusieurs magistrats et hommes politiques distingués, des receveurs généraux des finances, un conseiller maître à la Cour des comptes, des officiers de terre et de mer et autres personnes de valeur et de grand mérite.

Parmi ses alliances les plus remarquables, on lit les

1. Par son mariage avec Marie-Marguerite-Victoire Portalis, sœur du baron David Portalis et du ministre Jean-Étienne Portalis.

noms de Grimaldi (deux fois)[1], de Paris d'Auriol, de Boyer de Bandol, de Valbelle[2], de Commandaire, Braquety[3], Segond de Sederon[4], Siméon (comte), d'Astros[5], de Holck (maison comtale du Schleswig-Holstein)[6], Mou-

1. Madeleine Portalis, fille de François Portalis, viguier du Beausset, épousa, en 1635, Gaspard de Grimaldi, fils de Pierre de Grimaldi-Régusse et de Suzanne de Laidet-Sigoyer, et frère de Charles de Grimaldi, marquis de Régusse, président à mortier au Parlement de Provence, dont la fille, Jeanne de Grimaldi, fut mariée, en 1656 (Verguiny, notaire à Signe), à Antoine d'Espinassy, du lieu de Signe, écuyer, lieutenant dans la compagnie des volontaires gardes de la marine du Levant.

Noble Pierre Portalis, viguier du Beausset en 1645, frère de Madeleine, épousa, en 1634, Françoise de Grimaldi, sœur de Gaspard susnommé.

2. Noble Jean Portalis, fils de Jacques Portalis et petit-fils de Pierre Portalis et de Françoise de Grimaldi-Régusse, épousa, en 1690, Catherine de Valbelle, fille de Jean-Philippe de Valbelle, sire de Valbelle, seigneur des Beaumelles et d'Aiglun, et de Françoise de Savournin.

3. *Braquety* : famille noble, originaire de Brignoles en Provence, qui a été divisée en deux branches : celle de Brignoles, éteinte dans la première moitié du XIXe siècle, dans la personne de la baronne de Fabry, née Braquety, femme du baron de Fabry, successivement procureur général et premier président de la Cour royale d'Aix sous la Restauration ; et celle de la Cadière, qui s'est terminée par M. Louis Braquety, décédé à Marseille en 1876, et sa sœur, Mme Hortense Braquety, mariée à M. Henri d'Estienne, décédée en 1873, dont Mesdames de Berlier-Tourtour, d'Espinassy de Venel et baronne Georges de Fabry.

Armes : d'or, au chevron de gueules, accompagné de trois têtes d'aigle arrachées de sable, 2 et 1 ; au chef d'azur, chargé d'un lambel d'argent. (Robert de Briançon, *L'État et le Nobiliaire de Provence*, t. I, p. 450.)

4. *Segond de Séderon* : famille du Beausset qui obtint des lettres de noblesse en 1737, dans la personne de Jacques Segond, sieur de Séderon, reçu secrétaire du Roi en chancellerie près la Cour des comptes de Provence. (V. Artefeuil, *Histoire héroïque et universelle de la noblesse de Provence*, t. II, p. 391.)

La dernière ce nom fut Marie-Caroline Segond de Séderon, fille de Joseph-Jacques Segond de Séderon, conseiller au Parlement de Provence, et d'Elisabeth-Joséphine d'Avril, née à Aix en 1778, mariée à Florence, pendant l'émigration, au comte de Séran, morte au Beausset en 1854.

Armes : de sable, à l'épi d'or penché et tigé du même ; au chef cousu d'azur, chargé de trois étoiles d'or.

5. C'est à cette famille qu'appartenait le cardinal d'Astros, mort archevêque de Toulouse en 1851.

6. En 1801, Joseph-Marie Portalis, plus tard comte Portalis, épousait au château d'Emkendorf, dans le Holstein, la comtesse Frédérique-Ernestine de Holck, fille du comte Frédéric de Holck, connu par la faveur dont il avait joui auprès du malheureux Christian VII, roi de Danemark, issu

nier (baron) (deux fois), Saillard du Boisbertre, de Bonnechose [1], Harty de Pierrebourg, de Vogelsang, d'Audibert, Gairoard du Sauvet, Ligeret de Beauvais, Cochet de Savigny [2] et de Saint-Priest d'Urgel [3].

Armes : d'azur, à la tour d'argent maçonnée de sable, ouverte du champ, crénelée de trois pièces, celle du milieu sommée d'une tige de trois lys au naturel.

Les Portalis de la branche aînée, depuis l'alliance de Holck, ont mis en partition leurs armes avec celles de cette maison qui sont : écartelé, au 1 d'argent, à sept billettes de gueules posées 1, 2, 2, 2 ; au 2 d'argent à la fasce de gueules ; au 3 d'azur à deux triangles d'or évidés l'un dans l'autre ; au 4 d'argent au mur crénelé de trois pièces de sable, maçonné d'or.

d'une ancienne famille allemande qui s'était illustrée pendant la guerre de Trente Ans et dont Schiller a immortalisé le nom dans sa belle trilogie de Walenstein, et de la comtesse Ernestine de Larwig-Danneskiold, qui descendait de Frédéric III, roi de Danemark en 1648.

1. Famille du cardinal de Bonnechose, mort archevêque de Rouen en 1883.

2. Joséphine Portalis, fille de Dominique-Toussaint-Melchior baron Portalis et de Marie-Marguerite-Victoire Portalis, épousa, en 1820, Melchior Cochet de Savigny, baron de Saint-Valier, colonel de la gendarmerie impériale, officier de la Légion d'honneur, mort en 1855, dont un fils, le baron Frédéric de Savigny de Saint-Valier, vice-président du Conseil de préfecture de Seine-et-Oise, chevalier de la Légion d'honneur, décédé en 1902, et une fille, M⁻⁻ Druard de Savigny, mère du baron Frédéric Druard de Savigny, marié à Mˡˡᵉ Angèle de Colonges.

3. Damase Portalis, neveu du baron Portalis susnommé et fils d'Aman-Melchior Portalis et de Marie-Thérèse-Hélène Gairoard, et frère de Mᵐᵉ Denis Giraud, née Adélaïde Portalis, épousa, en 1825, à Bollène (Vaucluse), Marie-Léonie de Saint-Priest, fille de Jean-Claude-Joseph de Saint-Priest, comte d'Urgel, brigadier dans les gardes du corps du Roi, chevalier de Saint-Louis, et de Marie-Céleste de Roquart, dont une fille unique, Eugénie Portalis, née à Bollène en 1826, religieuse du Sacré-Cœur, supérieure de la maison d'Aix-en-Provence de 1874 à 1880, de celle de Montfleury, près de Grenoble, de 1880 à 1883, morte à Nantes en 1889.

3° GAIROARD

Ancienne famille de la Cadière, qui remonte à l'année 1323[1], qui a fourni un grand nombre de consuls et de viguiers ; un bailli de la Cadière, **Bertrand Gairoard** (1509)[2] ; plusieurs ecclésiastiques distingués[3], dont deux curés-doyens de la Cadière, l'abbé **Honoré Gairoard** (1620) et son neveu, l'abbé **Louis Gairoard** (1633); deux religieux Trinitaires, le T. R. P. **Honoré Gairoard**, célèbre prédicateur, devenu procureur général de l'ordre en 1750, mort en 1778, et son frère, le R. P. **Marc-Antoine Gairoard**, mort ministre du couvent de Marseille en 1758 ; un savant théologien, l'abbé **Antoine Gairoard**, membre de la congrégation du Sacré-Cœur de Marseille, professeur de théologie, supérieur du séminaire épiscopal d'Apt, mort curé-doyen de la Ciotat en 1800 ; des avocats au Parlement de Provence, parmi lesquels **Honoré Gairoard**, né à la Cadière en 1690, jurisconsulte estimé, qui a laissé des écrits sur le droit ; son frère, **Félix Gairoard**, marié en 1723 à Anne Portalis[4] ; un garde du corps du roi Louis XVI, **Joseph-Pierre Gairoard du Sauvet**, marié en 1782 à Antoinette Portalis, etc.

1. Le premier connu de cette famille est Jehan Gairoard (*Johanne Gayroardi, de castro de Caderia*), cité dans une charte du prieuré de Saint-Damien, en 1323.
2. Bertrand Gairoard eut un fils, Antoine Gairoard, qui fut syndic de la Cadière en 1548, et une fille, Madeleine Gairoard, qui épousa, en 1510, noble Antoine de Flotte, du lieu de Roquevaire, fils d'Albert de Flotte et de Marguerite de Joannis (notaire Marmy, à Aubagne).
3. En l'an 1408, une chapellenie dans le territoire de la Cadière fut fondée en faveur d'un enfant de la famille Gairoard qui se destinait aux autels. Cette chapellenie, appelée Notre-Dame de l'Annonciation, après avoir servi presque à chaque génération à la famille jusqu'en 1800, eut pour dernier titulaire Son Éminence le cardinal d'Astros, mort archevêque de Toulouse en 1851, qui était, par sa mère, Marie-Madeleine-Angélique Portalis, parent de la famille Gairoard.
4. De ce mariage naquit une fille unique, Françoise-Félicité Gairoard, mariée à Aix, le 19 avril 1746, à noble Claude-Jean-Baptiste de Duranti, seigneur de Saint-Louis de la Calade, président à la Cour des comptes, aides et finances de Provence.

Parmi ses alliances, on remarque celles des familles de Flotte, Braquety (deux fois)[1], de Fabry-Saint-Julien[2], Segond de Séderon[3], Portalis (4 fois), de Léautaud[4], de Duranti de la Calade et Giraud (de la Cadière) (cinq fois).

Armes : d'or, à l'arbre arraché de sinople.

1. Voir la note 3 de la page 14.
2. Anne Gairoard, fille d'Antoine Gairoard, consul de la Cadière en 1636, et de Catherine Giraud, épousa, en 1645, noble Cosme de Fabry, fils de Melchior de Fabry, seigneur de Saint-Julien, et de Madeleine de Sicard.
3. Voir la note 4 de la page 14.
4. Marguerite Gairoard, fille unique de Jacques Gairoard, né à la Cadière et habitant la ville de Toulon, épousa, en 1740, Joseph de Léautaud, seigneur de Châteauredon, lieutenant de juge à Toulon, fils de noble Jules de Léautaud, conseiller du Roi, lieutenant en la sénéchaussée de cette ville, et de Claire l'Hermitte de Villeblanche.

www.ingramcontent.com/pod-product-compliance
Lightning Source LLC
Chambersburg PA
CBHW060618050426
42451CB00012B/2308